Richard Foster

Das Leben vereinfachen

AUF:ATMEN Inspiration

Richard J. Foster, geboren 1942, gilt weltweit als einer der wichtigsten Autoren zur Praxis des geistlichen Lebens. Auf Deutsch sind von ihm unter anderem erschienen: *Das Geschenk der Einfachheit, Gottes Herz steht allen offen, Geld, Sex und Macht, Unser Herz in Gottes Nähe, Viele Quellen hat der Strom, Das Fest der Hingabe.*

Richard Foster

Das Leben vereinfachen

R. BROCKHAUS VERLAG WUPPERTAL

AufAtmen Inspiration

erscheint in Zusammenarbeit
zwischen dem R. Brockhaus Verlag Wuppertal
und dem Bundes-Verlag Witten
Herausgeber Ulrich Eggers

Der Text ist dem Buch von Richard Foster: „Nachfolge feiern – Geistliche Übungen neu entdeckt“, entnommen und wurde für diese Ausgabe geringfügig bearbeitet.
Die amerikanische Originalausgabe erschien unter dem Titel CELEBRATION OF DISCIPLINE bei Harper & Row, New York

Deutsch von Friedhilde Horn

Gesamtherstellung: Breklumer Druckerei Manfred Siegel KG
ISBN 3-417-24440-4
Bestell-Nr. 224 440

Einfaches Leben

Hat man endlich die innerliche Einfalt wahrhaft erlangt, dann wird das ganze Innere dadurch unbefangener und natürlicher. ... Diese wahre Einfalt ... hat einen Wohlgeruch reiner Unbefangenheit und Wahrheit, welche ein nicht zu erklärendes Gefühl von Herzlichkeit, Sanftmut, Unschuld, Frohsinn und Frieden einflößt, das entzückt, wenn man es von nahem und anhaltend und mit reinen Augen betrachtet. O wie lieblich ist diese Einfalt! Wer wird dieselbe mir geben? Alles verlasse ich um ihretwillen; sie ist jene Perle des Evangeliums. *François Fénelon*[1]

Einfachheit – oder wie man früher im positiven Sinn sagte: Einfalt – bedeutet Freiheit. Zwiespältigkeit bedeutet Abhängigkeit. Einfachheit erzeugt Freude und Ausgeglichenheit, Zwiespältigkeit

Man bringt uns bei, dass wir uns schämen müssen, wenn wir Kleider oder ein Auto so lange benutzen, bis sie unbrauchbar geworden sind.

Angst und Sorge. Der Verfasser des Predigerbuches kam zu der Erkenntnis: »Gott hat die Menschen einfach und aufrichtig geschaffen, aber manche wollen alles kompliziert haben« (7,29; Gute Nachricht), „sie suchen viele Künste“ (Luther). Schon viele haben erlebt, welche Freiheit Gott durch Einfachheit schenkt, zum Beispiel Matthias Claudius. Zwei Strophen seines Abendliedes „Der Mond ist aufgegangen“ erinnern uns daran:

Wir stolzen Menschenkinder
sind eitel arme Sünder
und wissen gar nicht viel.
Wir spinnen Luftgespinste
und suchen viele Künste
und kommen weiter von dem Ziel.
Gott, lass uns dein Heil schauen,
auf nichts Vergänglichs trauen,
nicht Eitelkeit uns freun;

lass uns einfältig werden
und vor dir hier auf Erden
wie Kinder fromm und fröhlich sein.

Innere und äußere Einfachheit

Die christliche Übung des Einfachen ist eine innere Wirklichkeit, die in einem bestimmten äußeren Lebensstil zum Ausdruck kommt. Beide Aspekte sind von Bedeutung. Wir täuschen uns, wenn wir meinen, diese innere Wirklichkeit besitzen zu können, ohne dass sie sich in unserem äußeren Leben bemerkbar macht. Einen äußerlich einfachen Lebensstil aufbauen zu wollen, ohne dass unsere innere Wirklichkeit dem entspricht, führt dagegen unausweichlich zu einer tödlichen Gesetzlichkeit. Einfachheit beginnt mit innerer Konzentration und Harmonie. – Es bedeutet, aus der „göttlichen Mitte" heraus zu leben, wie Thomas Kelly es nennt.

Die Erfahrung dieser inneren Wirklichkeit befreit uns auch äußerlich. Unsere Sprache wird offen und ehrlich. Das Statusdenken verliert sich, weil wir es nicht mehr nötig haben, uns auf unsere Position zu berufen. Wir vermeiden ein extravagantes Leben, nicht weil wir es uns nicht leisten könnten, sondern aus grundsätzlichen Erwägungen. Unser Besitz ist plötzlich auch für andere da. Wir machen die gleiche Erfahrung wie R. E. Byrd, der über den Beginn seines Lebens in der Arktis schreibt: „Hier bedurfte der Mensch keiner Welt behäbiger Sicherheit und abgenutzter Alltäglichkeiten ... Gut dic Hälftc unserer Wirrnisse kommt wohl nur davon, dass wir nicht wissen, wie gering unsere Bedürfnisse in Wirklichkeit sind.“[2]

Unserer heutigen Kultur fehlt sowohl die innere als auch die äußere Einfachheit.

Innerlich ist der moderne Mensch zerrissen und zerbrochen. Er ist gefangen in einer Unmenge sich überschneidender Verpflichtungen. Trifft er jetzt eine Entscheidung auf der Basis gesunder Vernunft, so handelt er im nächsten Augenblick aus der ängstlichen Überlegung heraus, was wohl andere von ihm denken mögen. Er hat kein eindeutiges Ziel, keinen Mittelpunkt, um den sich sein Leben orientieren könnte.

Weil uns die göttliche Mitte fehlt, hat unser

Bedürfnis nach Sicherheit uns in eine ungesunde Bindung an Dinge geführt. Wir müssen erkennen, dass die Gier nach Überfluss in unserer Gesellschaft eine Art Psychose ist, und zwar deshalb, weil sie die Beziehung zur Wirklichkeit vollständig verloren hat. Wir sehnen uns nach Dingen, die wir gar nicht brauchen und an denen wir auch keine Freude haben. Jemand sagte treffend: „Wir kaufen Dinge, die wir eigentlich nicht haben wollen, um Leute zu beeindrucken, die wir nicht mögen." An die Stelle eines einkalkulierten natürlichen Verschleißes tritt ein psychologischer Verschleiß. Man bringt uns bei, dass wir uns schämen müssen, wenn wir Kleider oder ein Auto so lange benutzen, bis sie unbrauchbar geworden sind. Die Massenmedien haben uns davon überzeugt, dass wir den Anschluss an die Wirklichkeit verlieren, wenn wir nicht mit der Mode gehen. Es ist höchste Zeit, dass uns aufgeht, dass Konformität mit einer kranken Gesellschaft bedeutet, selbst krank zu sein. Solange wir nicht sehen, wie sehr unsere Kultur an dieser Stelle das Gleichgewicht verloren hat, werden wir mit dem Mammonsgeist in uns nicht fertig werden und auch kein Bedürfnis nach einem christlichen einfachen Lebensstil haben.

Diese psychotische Haltung beeinflusst sogar unsere Märchen- und Geschichtenerzähler. Der moderne Held ist weit häufiger ein armer Junge, der später reich wird, als dass er dem franziskanischen oder buddhistischen Ideal entspräche, um dessentwillen ein reicher junger Mann freiwillig Armut auf sich nimmt. (Dass auch einmal ein Mädchen so denken könnte, können wir uns noch immer kaum vorstellen.) Habsucht nennen wir Strebsamkeit, Hamsterei Klugheit, Gier ist bei uns Fleiß.

Wir sollten mutig den Weg zu einer neuen, menschlicheren Art zu leben suchen.

Die „Alternativen" haben mit ihrer „Gegenkultur" kaum Besseres aufzuweisen. Sie bringen eine oberflächliche Veränderung des Lebensstils, ohne sich ernsthaft mit den Problemen einer Konsumgesellschaft auseinander zu setzen. Da ihnen immer eine positive Mitte gefehlt hat, sind sie unvermeidlich ins Triviale abgeglitten.

Wir sollten mutig den Weg zu einer neuen,

menschlicheren Art zu leben suchen. Wir sollten uns gegen die moderne Psychose wehren, die die Menschen danach beurteilt, was sie leisten oder was sie verdienen. Wir sollten uns mit neuen, mutigen, echten Alternativen gegen den heutigen Abfall auflehnen. Die geistliche Übung der Einfachheit ist kein wirklichkeitsfremder Traum, sondern eine im Laufe der Geschichte immer wieder erschienene Vision. Wir können auch heute noch dahin zurückfinden. Wir müssen es sogar.

Die Bibel und einfacher Lebensstil

Bevor wir ein Bild einfachen Lebensstils aus christlicher Sicht entwerfen, ist ein Wort zu der vorherrschenden Meinung zu sagen, dass die Bibel sich zu ökonomischen Fragen nicht äußere. Dieses Denken ist in christlichen Kreisen so weit verbreitet, dass man der Meinung ist, Reichtum sei eine individuelle Angelegenheit. Man sagt, dass die biblische Lehre an diesem Punkt eine Sache der persönlichen Auslegung sei, und dass Jesus sich niemals mit praktischen wirtschaftlichen Fragen befasst habe.

Wenn wir die Bibel aufrichtig lesen, finden wir diese Ansicht jedoch nicht bestätigt. Die biblischen Gebote im Hinblick auf die Ausbeutung der Armen und das Anhäufen von Reichtümern sind klar und unmissverständlich. Die Bibel äußert sich zu fast allen wirtschaftlichen Wertvorstellungen unserer Gesellschaft. Zum Beispiel widerspricht das Alte Testament der landläufigen Ansicht, dass wir ein absolutes Recht auf persönliches Vermögen haben.

Im Alten Testament

Die Erde gehörte Gott und konnte nicht für immer zum Besitz werden. Im Halljahr oder Gnadenjahr musste alles Land seinem ursprünglichen Besitzer zurückgegeben werden. Diesem Gebot lag der Gedanke einer regelmäßigen Umverteilung des Reichtums zugrunde; denn der Reichtum selber gehörte Gott und nicht den Menschen. Solch ein radikaler Umgang mit wirtschaftlichen Fragen widerspricht fast allen modernen Ansichten und Praktiken. Wenn Israel dieses Halljahr in Treue zu Gott eingehalten hätte, wären die dauernden Probleme des Reicherwerdens der Reichen und des Ärmerwerdens der Armen nicht immer wieder aufgetaucht.

An vielen Stellen spricht die Bibel radikal von der inneren Versklavung, die eine Vergötzung des Reichtums mit sich bringt. „Fällt euch Reichtum zu, so hängt euer Herz nicht daran" (Psalm 62,11). Das zehnte Gebot richtet sich gegen den Neid, das innere Verlangen, etwas „haben zu wollen", das dann zum Stehlen und zur Unterdrückung führt. Der Schreiber der Sprüche wusste: „Wer sich auf seinen Reichtum verlässt, der wird untergehen" (Sprüche 11,28).

Jesus hat dem Materialismus seiner Tage den Kampf angesagt. Der aramäische Ausdruck für Reichtum hieß „Mammon". Jesus verdammte ihn als einen Rivalen Gottes: „Kein Knecht kann zwei Herren dienen: entweder er wird den einen hassen und den andern lieben, oder er wird an dem einen hangen und den andern verachten. Ihr könnt nicht Gott dienen und dem Mammon" (Lukas 16,13). Jesus äußerte sich häufig und unzweideutig zu wirtschaftlichen Fragen. Er sagte: „Selig seid ihr Armen; denn das Reich Gottes ist euer", und: „Weh euch Reichen! Denn ihr habt euren Trost schon gehabt“ (Lukas 6,20+24). Anschaulich beschrieb er in dem Bild vom Kamel und dem Nadelöhr, wie schwierig es für einen Reichen ist, ins Reich Gottes zu kommen. Mit Gott sind natürlich alle Dinge möglich, aber Jesus wusste etwas von den Schwierigkeiten. Er sah, wie Reichtum nach den Herzen der Menschen greift: „Wo dein Schatz ist, da ist auch dein Herz.“ Aus diesem Grund befahl er seinen Jüngern: „Ihr sollt euch nicht Schätze sammeln auf Erden …“ (Matthäus 6,19+21). Er forderte nicht auf, unser Herz hier oder besser dort zu haben, sondern stellt nur ganz einfach fest: Euer Herz ist immer dort, wo eure Schätze sind.

„Wo dein Schatz ist, da ist auch dein Herz.“

Im Neuen Testament

Jesus ermahnte den reichen jungen Mann nicht dazu, gegenüber seinem Reichtum eine innerlich unabhängige Haltung einzunehmen, sondern er verlangte von ihm, seinen Besitz tatsächlich abzugeben, wenn er am Reich Gottes teilhaben wollte (Matthäus 19,16-22). Er sagte: „Seht zu und hütet euch vor aller Habgier; denn niemand lebt davon, dass er viele Güter hat“ (Lukas 12,15). Er riet den Menschen, die zu ihm kamen und Gott suchten: „Verkauft, was ihr habt, und gebt Almosen. Macht euch Geldbeutel, die nicht veralten, einen Schatz, der niemals abnimmt, im Himmel ...“ (Lukas 12,33).

Er erzählte das Gleichnis vom reichen Kornbauern, dessen Leben im Raffen und Schachern bestand, und nannte ihn einen Narren (Lukas 12,16-21). Er sagte, wenn wir wirklich das Reich Gottes haben wollten, müssten wir wie ein Kaufmann, der schöne Perlen sucht, bereit sein, alles andere um einer besonders kostbaren Perle willen aufzugeben (Matthäus 13,45-46). Er rief allen, die ihm zu einem Leben in Fröhlichkeit und unbekümmert von Sorgen um irgendwelchen Besitz folgen wollten, zu: „Wer dich bittet, dem gib; und wer dir das Deine nimmt, von dem fordere es nicht wieder“ (Lukas 6,30).

Jesus sagte zu wirtschaftlichen Fragen mehr als zu irgendeinem anderen sozialen Problem. Wenn unser Herr aber in einer relativ armen, ein-

„Lasst euch genügen an dem, was da ist. Denn der Herr hat gesagt: ‚Ich will dich nicht verlassen und nicht von dir weichen' ..."

fachen Gesellschaft die Gefahr des Reichtums schon so stark betonte, um wie viel mehr sollten wir in unserer Überflussgesellschaft die ökonomische Frage ernst nehmen.

Auch die neutestamentlichen Briefe beschäftigen sich mit diesen Dingen. Paulus sagt: „Denn die reich werden wollen, die fallen in Versuchung und Verstrickung und in viele törichte und schädliche Begierden, welche die Menschen versinken lassen in Verderben und Verdammnis" (1. Timotheus 6,9). Ein Bischof soll nicht „geldgierig" sein (1. Timotheus 3,3), die Diakone nicht „schändlichen Gewinn suchen" (1. Timotheus 3,8). Der Hebräerbrief mahnt: „Seid nicht geldgierig und lasst euch genügen an dem, was da ist. Denn der Herr hat gesagt: ‚Ich will dich nicht verlassen und nicht von dir weichen' ..."(13,5).

Jakobus führt Kriege und Töten auf die Habgier zurück: „Ihr seid begierig und erlangt's nicht; ihr mordet und neidet, und gewinnt nichts;

ihr streitet und kämpft“ (Jakobus 4,1-2). Paulus bezeichnete die Habsucht als Götzendienst und wies die Korinther an, in Fällen von Geiz und Habgier strenge Gemeindezucht zu üben (Epheser 5,5; 1. Korinther 5,11). Den Geiz nannte er in einem Zug mit Ehebruch und Diebstahl und erklärte, dass Menschen, die sich davon nicht lösen könnten, das Reich Gottes nicht ererben würden. Der Apostel ermahnte die Reichen, sich nicht auf ihren Reichtum zu verlassen, sondern auf Gott, und ihren Besitz großzügig mit anderen zu teilen (1. Timotheus 6,17-19).

Askese oder einfaches Leben

Um Missverständnisse zu vermeiden, möchte ich hier einfügen, dass Gott will, dass wir angemessen leben können. Es gibt großes Elend heutzutage, weil Menschen nicht das Nötigste zum Leben besitzen. Es gibt aber auch viel Elend, weil Menschen den Sinn ihres Lebens im Anhäufen von Vorräten sehen. Erzwungene Armut ist sehr schlimm und sollte nicht vorkommen. Aber die Bibel redet auch einem Asketismus, einer gesetzlichen Enthaltsamkeit nicht das Wort. Sie erklärt immer wieder und mit Nachdruck, dass die Schöpfung gut ist und den Menschen zur Freude dienen soll. Der Asketismus macht einen unbiblischen Unterschied zwischen einer guten geistigen Welt und einer bösen materiellen Welt. Von diesem Standpunkt aus sieht man das Heil darin, dem körperlichen Bereich unseres Daseins so wenig Beachtung wie möglich zu schenken. Dagegen spricht sich Paulus in 1.Timotheus 4,1ff deutlich aus.

Asketismus und einfacher Lebensstil sind in Wirklichkeit Gegensätze und nicht auf einen Nenner zu bringen. Gelegentliche oberflächliche Ähnlichkeiten in der praktischen Anwendung sollten den radikalen Unterschied nicht verwischen.

Asketismus verzichtet auf Besitz. Einfacher Lebensstil setzt ihn in das rechte Verhältnis zu anderen Lebensbereichen. In jener Art von Askese ist kein Raum für ein Land, „darin Milch und Honig fließt".

Einfacher Lebensstil schließt durchaus Freude an den Dingen ein, die die gütige Hand Gottes uns schenkt. Der Asket ist erst zufrieden, wenn er gedemütigt ist. Christliche Einfalt kennt die

Zufriedenheit sowohl in der Demütigung als auch im Überfluss (Philipper 4,12).

Christliche Einfachheit ist das Einzige, was unser Leben wieder so in Ordnung bringen kann, dass wir an unserem Besitz echte Freude haben können, ohne dass er sich destruktiv auswirkt. Ohne diese Einfalt werden wir entweder vor dem Dämon „Mammon" kapitulieren, oder wir verfallen in einen unchristlichen, gesetzlichen Asketismus. Beides führt zum Götzendienst. Beides tötet das geistliche Leben.

In der Bibel gibt es eine Fülle von Aussagen über den Segen, den Gott auch auf materiellem Gebiet über sein Volk ausgießen will. „Denn der Herr, dein Gott, führt dich in ein gutes Land ... ein Land ... wo dir nichts mangelt ..." (5. Mose 8,7-9). Die Bibel warnt aber auch vor der Gefahr des Besitzes, zu dem man nicht mehr das rechte Verhältnis hat: „Du könntest sonst sagen in deinem Herzen: Meine Kräfte und meiner Hände Stärke haben mir diesen Reichtum gewonnen" (5. Mose 5,17).

Die geistliche Übung einfachen Lebens vermittelt uns die richtige Einstellung zum Besitz. Sie macht uns frei, ihn als Gabe Gottes anzunehmen, die wir nicht für uns selbst empfangen und die wir freimütig mit anderen teilen können. Erst wenn uns deutlich geworden ist, dass die Bibel den Materialisten und den Asketen in gleicher Weise angreift, sind wir in der Lage, unsere Aufmerksamkeit einem christlichen Verständnis vom einfachen Leben zuzuwenden.

Standortbestimmung

Archimedes erklärte: „Gib mir einen Punkt, wo ich stehen kann, und ich werde die Erde in Bewegung setzen." Solch ein Standpunkt ist für jede geistliche Übung von Bedeutung, doch nirgendwo so sehr wie in der Frage der Einfachheit. Sie ist die am meisten ins Sichtbare hineinreichende geistliche Übung. Von daher ist sie am meisten der Gefahr der Verfälschung ausgesetzt.

Die meisten Christen haben sich niemals ernsthaft mit diesem Problem auseinander gesetzt, wobei man die vielfachen Reden Jesu zu diesem Thema bequemlichkeitshalber überhörte. Der Grund liegt auf der Hand: Diese geistliche

Übung fordert unser angeborenes Vergnügen an einem angenehmen Lebensstil unmittelbar heraus.

Andererseits stehen diejenigen, die die biblische Lehre vom einfachen Lebensstil ernst nehmen, in großer Gefahr, in Gesetzlichkeit zu verfallen. Wenn man Jesu Aussagen über wirtschaftliche Dinge im eigenen Leben konkret werden lassen will, verwechselt man seine Lehre oft mit den eigenen Ansichten darüber. Wir tragen eine bestimmte Art von Kleidung, nehmen uns diese Wohnung oder bauen jenes Haus und erklären das dann für „den" – christlichen – „einfachen Lebensstil". Diese Gefahr lässt uns erkennen, wie wichtig es ist, einen „archimedischen Punkt" in der Frage nach dem einfachen Leben zu finden und klar zu umreißen. Diesen Punkt erhalten wir aus den Worten Jesu selbst:

Asketismus verzichtet auf Besitz. Einfacher Lebensstil setzt ihn in das rechte Verhältnis zu anderen Lebensbereichen.

„Darum sage ich euch: Sorgt nicht um euer

Leben, was ihr essen und trinken werdet; auch nicht um euren Leib, was ihr anziehen werdet. Ist nicht das Leben mehr als die Nahrung und der Leib mehr als die Kleidung? Seht die Vögel unter dem Himmel an: sie säen nicht, sie ernten nicht, sie sammeln nicht in die Scheunen; und euer himmlischer Vater ernährt sie doch. Seid ihr denn nicht viel mehr als sie?

Wer ist unter euch, der seines Lebens Länge eine Spanne zusetzen könnte, wie sehr er sich auch darum sorgt? Und warum sorgt ihr um die Kleidung? Schaut die Lilien auf dem Feld an, wie sie wachsen; sie arbeiten nicht, auch spinnen sie nicht. Ich sage euch, dass auch Salomo in aller seiner Herrlichkeit nicht gekleidet gewesen ist wie eine von ihnen.

Wenn nun Gott das Gras auf dem Feld so kleidet, das doch heute steht und morgen in den Ofen geworfen wird: sollte er das nicht viel mehr euch tun, ihr Kleingläubigen? Darum sollt ihr nicht sorgen und sagen: Was werden wir essen? Was werden wir trinken? Womit werden wir uns kleiden? Nach dem allen trachten die Heiden. Denn euer himmlischer Vater weiß, dass ihr all dessen bedürft. Trachtet zuerst nach dem Reich Gottes und nach seiner Gerechtigkeit, so wird euch das alles zufallen." (Matthäus 6,25-33)

Eine Frage der Prioritäten

Der Angelpunkt der geistlichen Übung des einfachen Lebensstils ist, dass das Suchen nach dem Reich Gottes und nach seiner Gerechtigkeit die erste Stelle einnimmt. Dann wird alles Notwendige seinen Platz finden. Die Bedeutung dieser Worte Jesu sind gar nicht hoch genug einzuschätzen. Alles hängt davon ab, dass man das Erste auch wirklich das Erste sein lässt. Nichts darf uns wichtiger sein als das Reich Gottes, auch nicht der einfache Lebensstil. Das einfache Leben wird zum Götzendienst, wenn es den Vorrang bekommt vor dem „Trachten nach dem Reich Gottes". Kierkegaard schrieb:

„‚Trachtet am ersten nach dem Reich Gottes und nach seiner Gerechtigkeit.' Was will das doch heißen, was hab ich zu tun, oder was für ein Streben und Bemühen ist es, von dem man sagen kann, dass es nach Gottes Reich sucht oder trachtet? Soll ich ein Amt zu erhalten suchen, welches meinen Fähigkeiten und Kräften entspricht, um darinnen zu wirken? Nein, du sollst am ersten nach dem Reich Gottes trachten. Soll ich denn mein ganzes Vermögen den Armen geben? Nein, am ersten sollst du nach Gottes Reich trachten. Soll ich denn ausziehen und diese Lehre in der Welt verkünden? Nein, du sollst am ersten nach Gottes Reich trachten. Alsdann aber ist es ja gewissermaßen Nichts, das ich tun soll? Ja, ganz gewiss, es ist gewissermaßen Nichts; du sollst in tiefstem Sinne dich selbst zu einem Nichts machen, zu einem Nichts werden vor Gott, schweigen lernen; in diesem Stillesein liegt der Anfang, welcher ist: am ersten nach Gottes Reich trachten."[3]

Die Konzentration auf das Reich Gottes bringt eine innere Wirklichkeit zum Tragen. Und ohne diese innere Wirklichkeit gleiten wir in oberflächliche Gesetzlichkeit ab. Nichts anderes kann das Zentrum sein. Der Wunsch, gegen den Strom zu schwimmen, kann nicht das Zentrum sein. Die Umverteilung des Vermögens in der Welt und die Lösung der Umweltfragen auch nicht. Einzig, und allein, dass wir zuerst das Reich Gottes und seine Gerechtigkeit suchen, kann die Mitte bilden für die geistliche Übung des einfachen Lebens – im persönlichen wie im gesellschaftlichen Bereich.

So wichtig alle diese Aspekte sein mögen – in dem Augenblick, wo sie zum Mittelpunkt unserer Bemühungen werden, wird Götzendienst daraus. Wenn wir darin aufgehen, wird uns das unvermeidlich dahin treiben, unser begrenztes Bemühen für den einfachen Lebensstil zu halten. Wenn aber das Reich Gottes in Wirklichkeit bei uns an erster Stelle steht, werden Umweltprobleme, das Problem der Armut und des Hungers, die angemessene Verteilung der Güter und viele andere Dinge den ihnen zukommenden Rang bekommen. Wer das Reich Gottes nicht zuerst sucht, sucht es überhaupt nicht, einerlei wie wertvoll der Götze ist, den er an seine Stelle gerückt hat.

Jesus macht in der angeführten zentralen Aussage deutlich: Die Freiheit von Sorge ist eines der inneren Merkmale für das vorrangige Suchen nach dem Reich Gottes. Einfaches Leben als

Wenn wir unseren Besitz als Gabe ansehen und dieser Besitz gleichzeitig anderen zur Verfügung steht, dann leben wir in echter Freiheit von Sorge.

innere Realität schließt ein Leben fröhlicher Unbekümmertheit im Hinblick auf äußeren Besitz ein. Weder die Habgierigen noch die Geizigen kennen diese Freiheit. Sie existiert unabhängig davon, ob man nun gerade in Mangel oder in Überfluss lebt. Es ist eine innere Haltung des Vertrauens.

Die bloße Tatsache, dass jemand ohne jeden Besitz lebt, ist noch kein Beweis dafür, dass er auch von Herzen einfach lebt. Paulus lehrte, dass die Liebe zum Geld die Wurzel alles Bösen sei, und oft lieben es die am meisten, die am wenigsten davon haben. Man kann auch äußerlich einen einfachen Lebensstil entwickeln und innerlich doch voller Sorge sein. Umgekehrt bringt Reichtum keine Sorgenfreiheit.

„Denn Reichtum und Überfluss kommen heuchlerisch in Schafskleidern daher und geben vor, Sicherheit gegen Sorgen zu bringen, und dann werden sie selbst zum Gegenstand der

Sorge. Sie bewahren die Menschen vor der Sorge ebenso gut wie der Wolf die Schafe, die er hüten soll, vor dem Wolf ...“ (Kierkegaard)

Freiheit von Sorge

Freiheit von Sorge kann man an drei inneren Merkmalen erkennen. Wenn wir unseren Besitz als Gabe ansehen und dieser Besitz gleichzeitig anderen zur Verfügung steht, dann leben wir in echter Freiheit von Sorge. Das ist einfaches Leben als innere Realität. Wenn wir dagegen uns den Erwerb des Besitzes selbst zuschreiben, glauben, ihn festhalten zu müssen und auch nicht mit anderen teilen wollen, dann leben wir in ständiger Sorge. Solche Menschen lernen das innerlich freie einfache Leben niemals kennen, unabhängig von den äußeren Verrenkungen, die sie sich auferlegen mögen, um einen einfachen Lebensstil zu demonstrieren.

All unseren Besitz als Gabe von Gott zu empfangen ist die erste innere Voraussetzung für das einfache Leben. Wir arbeiten dafür, aber wir wissen: Es ist nicht unser Werk, das uns verschaffte, was wir haben. Wir leben von der Gnade, auch wenn es ums tägliche Brot geht. Wir hängen bis in die einfachsten Elemente unseres Lebens von Gott ab, denken wir nur an Luft, Wasser und Sonne. Nicht unsere Anstrengungen und Mühen halten uns am Leben, sondern die gütige Fürsorge Gottes. Kommen wir in die Gefahr zu meinen, wir verdankten alles unserem persönlichen Einsatz, braucht es nur eine Dürrezeit oder einen kleinen Unfall, um uns zu zeigen, wie absolut abhängig wir in allem sind.

Das zweite Kennzeichen ist das Wissen, dass auch die Erhaltung von Besitz und Vermögen Gottes Sache ist. Gott kann uns bewahren, was er uns geschenkt hat. Wir können ihm vertrauen. Das heißt natürlich nicht, dass wir die Schlüssel im Auto stecken oder die Haustür offen stehen lassen sollen. Aber es bleibt uns bewusst, dass nicht das Schloss an der Tür den eigentlichen Schutz ausmacht. Es gehört zum gesunden Menschenverstand, solche Vorsichtsmaßnahmen zu treffen. Wenn wir aber glauben, dass wir und unser Besitz damit sicher seien, dann wird uns sehr bald die Sorge wieder erschüttern. Nichts ist „absolut sicher“.

Das gilt natürlich nicht nur für unseren materiellen Besitz, sondern auch für unseren Ruf oder unseren Arbeitsplatz. Einfachheit meint die Freiheit, Gott in all diesen Dingen „einfältig" zu vertrauen.

Nicht unsere Anstrengungen und Mühen halten uns am Leben, sondern die gütige Fürsorge Gottes.

Das dritte innere Merkmal: Unser Besitz ist auch für andere da. Luther sagte: „Alles, was wir haben, muss stehen im Dienst. Wo es nicht stehet im Dienst, stehet's im Raub." Diese Worte klingen uns so hart in den Ohren, weil wir um unsere Zukunft fürchten. Wir halten unseren Besitz lieber fest, als ihn mit anderen zu teilen, weil wir uns um das Morgen Sorge machen.

Wenn wir wirklich Gott für den halten, als den Jesus ihn uns schildert, dann brauchen wir uns nicht zu ängstigen. Sehen wir Gott als den allmächtigen Schöpfer und zugleich unsern liebenden Vater, können wir mit anderen teilen, weil wir wissen, dass er für uns sorgt. Begegnet uns dann ein Mensch in Not, sind wir innerlich frei dazu, ihm zu helfen. Und dann wird uns unser gesunder

Menschenverstand auch an dieser Stelle helfen, die richtigen Maßstäbe für das Teilen mit anderen zu finden und uns vor Unsinn bewahren.

Wenn wir zuerst das Reich Gottes im Blick haben, kennzeichnen diese drei Merkmale unser Leben. Gemeinsam machen sie genau das aus, was Jesus mit seiner Anweisung „Sorget nicht" meinte. Sie fassen die innere Wirklichkeit christlicher Einfachheit zusammen. Und wir können gewiss sein, dass bei einem Leben aus diesem Zentrum heraus uns „alle diese Dinge", die zum Leben dazugehören, zufallen werden.

Sehen wir Gott als den allmächtigen Schöpfer und zugleich unsern liebenden Vater, können wir mit anderen teilen, weil wir wissen, dass er für uns sorgt.

Einfacher Lebensstil in der Praxis

Man kann christliche Einfachheit nicht nur als etwas Inneres beschreiben. Die innere Wirklichkeit muss einen äußerlichen Ausdruck finden.

Die befreiende innere Erfahrung beeinflusst zwangsläufig auch unsern äußeren Lebensstil. Ich habe schon zu Beginn davor gewarnt, dass konkrete Anweisungen für das alltägliche Leben immer die Gefahr mit sich bringen können, in gesetzliche Vorschriften abzugleiten. Doch muss ich dieses Risiko hier auf mich nehmen, weil wir sonst zu sehr im Theoretischen hängen bleiben würden. Außerdem nahmen die Schreiber der Bibel diese Möglichkeit beständig in Kauf.

Leider muss gesagt werden, dass der Versuch, biblische Grundsätze der Einfachheit in einer bestimmten kulturellen Umwelt zu praktizieren, unter den darauf folgenden Generationen oft verallgemeinert worden und in harte Gesetzlichkeit ausgeartet ist. Denken Sie zum Beispiel an die Streitfrage „christlicher Frisuren“ oder des Schmucktragens, weil der 1. Petrusbrief Menschen seiner Zeit mahnte: „Euer Schmuck soll nicht äußerlich sein mit Haarflechten, goldene Ketten oder prächtige Kleider ...“ (3,3).

Ich möchte hier zehn Grundsätze für den einfachen Lebensstil aufstellen. Man sollte sie nicht als Gesetze ansehen, sondern als einen Versuch, zu veranschaulichen, was einfach leben heute heißen kann.

Erster Grundsatz

Man sollte nichts aus Statusgründen kaufen, sondern nur weil man es braucht. Autos sollten nach ihrer Zweckmäßigkeit gekauft werden und nicht nach Prestige. Überlegen Sie sich, ob nicht auch ein Fahrrad genügt. Wenn wir ein Haus bauen oder kaufen, sollte die Wohnlichkeit wichtig sein, nicht der – oft unbewusste – Gedanke, was andere wohl beeindrucken würde. Und braucht man wirklich sieben Räume für zwei Personen?

Oder nehmen wir die Kleidung. Die meisten Menschen haben hierzulande genug Kleidung. Sie kaufen dazu, nicht weil sie etwas brauchen, sondern weil sie mit der Mode gehen wollen. Lassen Sie Mode Mode sein. Kaufen Sie nur noch, was wirklich nötig ist. Geben Sie es auf, andere mit Ihrer Aufmachung beeindrucken zu wollen, tun Sie das lieber mit Ihrem Leben.

Wenn es sich in Ihrer Lage als praktisch erweist, lernen Sie nähen. Es macht Spaß. Und um Gottes willen (das meine ich buchstäblich) wählen Sie lieber praktische als elegante Kleidung. John Wesley sagte einmal: „... zum Anziehen kaufe ich das Dauerhafteste und im Allgemeinen auch das Einfachste, das ich finden kann. Auch an Möbeln kaufe ich nur das Nötige und das Preisgünstigste."[4]

Zweiter Grundsatz

Lehnen Sie alles ab, was Ihnen zur Sucht werden kann. Lernen Sie zu unterscheiden zwischen dem echten Bedürfnis, mit schönen Dingen umzugehen, und einer Abhängigkeit. Machen Sie Schluss mit dem Genuss zur Süchtigkeit verleitender Getränke und schränken Sie den Verbrauch wenigstens ein, soweit es nicht der Ernährung dient: Alkohol, Kaffee, Tee, Coca-Cola usw. Wenn Sie fernsehsüchtig geworden sind, verkaufen oder verschenken Sie Ihren Apparat unter allen Umständen so schnell wie möglich. Machen Sie sich los von allen Medien, ohne die Sie nicht mehr auskommen zu können glauben: Radio, Hi-Fi-Anlage, Zeitschriften, Kino, Illustrierte, Romanhefte, Bücher. Für manche sind Süßigkeiten eine ernste Gefahr geworden. Wenn das Geld Ihr Herz besitzt, verschenken Sie einen Teil davon. Sie werden sich sehr erleichtert fühlen. Einfachheit ist Freiheit, nicht Sklaverei. Fassen Sie den Entschluss, von nichts anderem abhängig zu sein als nur von Gott.

Dritter Grundsatz

Gewöhnen Sie sich daran, Dinge zu verschenken.

Wenn Sie entdecken, dass Sie an irgendetwas hängen, überlegen Sie sich, ob Sie es nicht jemand schenken könnten, der es dringend braucht. Ich erinnere mich noch an ein Weihnachtsfest, an dem ich beschloss, für einen bestimmten Menschen nichts zu kaufen oder anzufertigen, sondern ihm etwas zu schenken von dem, was mir gehörte und mir eine Menge bedeutete. Ich hatte dabei allerdings ein selbstsüchtiges Motiv: Ich wollte die Befreiung kennen lernen, die in einem solch einfachen Akt freiwilliger Armut liegt.

Es handelte sich um ein Fahrrad mit Zehngangschaltung. Als ich zur Wohnung meines Freundes fuhr, sang ich aus tiefstem Herzen den Chorus: „Umsonst habt ihr's empfangen, umsonst sollt ihr's auch geben ..." Die Worte hatten eine ganz neue Bedeutung für mich gewonnen. Gestern kam mein sechsjähriger Sohn zu mir und erzählte von einem Klassenkameraden, der keine Frühstücksbox hätte. Er fragte mich, ob er dem Jungen seine eigene geben dürfte ...

Entrümpeln Sie. Zu viele Dinge, die nicht gebraucht werden, machen das Leben nur kompliziert. Sie müssen geordnet und verwahrt und abgestaubt und umgeräumt und neu untergebracht werden, bis es uns zum Hals heraushängt. Die meisten Menschen könnten sich von der Hälfte ihres Besitzes ohne weiteres trennen, ohne dass es ernsthaft ein Opfer für sie bedeuten würde. Wir täten gut daran, den Rat Thoreaus zu befolgen: „Macht's einfach einfach!"

Vierter Grundsatz

Lassen Sie sich nicht von der Reklame mit allen möglichen modernen Tricks einfangen. Vieles, was angeblich Zeit spart, bringt in Wirklichkeit keinen Zeitgewinn. Hüten Sie sich vor den Worten: „Die Sache macht sich in sechs Monaten von selbst bezahlt." Die meisten solcher Wunderdinge sind nur hergestellt, um möglichst rasch kaputtzugehen und überholt zu sein, und deshalb belasten sie uns eher, als dass sie uns einen Vorteil verschaffen.

In der heutigen Spielzeugindustrie wird dieses Problem geradezu zur Plage. Unsere Kinder haben es gar nicht nötig, sich von Puppen, die weinen, essen, nässen, laufen, schwitzen und auch noch spucken, unterhalten zu lassen. Eine Puppe aus einem Stoffrest bringt mindestens ebenso viel Freude und ist dabei noch viel haltbarer. Kinder haben oft viel mehr Freude daran, mit alten Töpfen und Pfannen zu spielen als mit dem neuesten Raumfahrt-Spiel. Sehen Sie sich nach Spielzeug um, das einen pädagogischen Wert hat und lange hält. Oder stellen Sie selbst welches her.

Die Werbefachleute versuchen uns davon zu überzeugen, dass dieses oder jenes neueste Modell Besonderheiten aufweist (manchmal sind es Kinkerlitzchen), um derer willen wir das alte Stück verkaufen und unbedingt ein neues kaufen sollten. Nähmaschinen haben neue Sticharten, Kassettenrekorder neue Knöpfe, Lexika neue Bilder. Hier muss man auf der Hut sein. Oft sind „neue Modelle“ nur ein Versuch, uns zum Kauf von etwas zu verleiten, was wir eigentlich nicht brauchen. Wahrscheinlich würde uns der alte Kühlschrank für den Rest unseres Lebens noch genauso gut dienen, auch ohne automatische Eismaschine und „Regenbogenfarben“.

Manche modernen Erfindungen sollen das Leben erleichtern und sind doch nur eine unnötige Belastung unserer Energiequellen. Die USA stellen weniger als 6 % der Weltbevölkerung, sie verbrauchen aber 33 % der Weltenergie. Allein die Klimaanlagen in den USA verschlingen ebenso viel Energie wie ganz China mit seinen 830 Millionen Menschen in seinem Land verbraucht. Schon unser Umweltbewusstsein sollte uns vor den meisten heutigen Erfindungen bewahren.

Fünfter Grundsatz

Lernen Sie es, sich an Dingen zu erfreuen, auch wenn Sie sie nicht haben. Haben wollen ist die Besessenheit in unserer Gesellschaft. Wenn Dinge uns gehören, haben wir das Gefühl, sie kontrollieren zu können, sie zu beherrschen. Und wenn wir sie beherrschen, glauben wir, dass sie uns mehr Freude machen. Das ist aber ein Irrtum. An vielen Dingen im Leben können wir Freude haben, ohne dass sie uns gehören oder dass wir sie beherrschen. Teilen Sie mit anderen. Freuen Sie sich an einem schönen Strand ohne den inneren Drang, ein Stück davon kaufen zu müssen. Freuen Sie sich an öffentlichen Parks und an Büchereien.

Sechster Grundsatz

Lernen Sie die Schöpfung besser kennen und wertschätzen. Kommen Sie der Erde näher. Gehen Sie so oft wie möglich zu Fuß. Hören Sie den Vögeln zu – sie sind Gottes Botschafter. Freuen Sie sich an der Struktur von Blättern und Gräsern. Staunen Sie über die wunderbaren Farben, die Sie umgeben. Einfacher Lebensstil heißt auch, aufs Neue zu entdecken, dass „die Erde des Herrn ist und was darinnen ist“ (Psalm 24,1).

Siebter Grundsatz

Bewahren Sie eine gesunde Skepsis gegenüber allen Äußerungen wie: „Jetzt kaufen, später bezahlen." Das sind Fallen, die Sie nur in immer tiefere Abhängigkeit bringen. Nicht umsonst verurteilen das Alte und das Neue Testament den Wucher. (Der Begriff wird in der Bibel nicht im heutigen Sinn eines maßlosen Geschäftsgebarens gebraucht.) In der Bibel bezieht sich dieser Ausdruck auf jegliches Profitstreben. Solche Absichten galten als unbrüderliches Ausnutzen der Notlage anderer und daher als Verleugnung geistlicher Gemeinschaft. Jesus bezeichnet „Wucher" als ein Zeichen des alten Lebens und ermahnt seine Jünger, zu „leihen, wo ihr nichts dafür zu bekommen hofft" (Lukas 6,35).

Solche Schriftworte sollten nicht in allgemein gültige Gesetze verwandelt werden. Wir sollten sie aber auch nicht als völlig irrelevant für unsere heutige Gesellschaft ansehen. Hinter diesen biblischen Anweisungen stehen jahrhundertealte Weisheiten (und vielleicht auch einige bittere Erfahrungen!). Sicherlich gebieten sowohl die Klugheit als auch die christliche Einfalt, dass wir Vorsicht walten lassen, bevor wir Verpflichtungen eingehen, die wir womöglich nicht mehr überblicken können.

Achter Grundsatz

Beachten Sie die Anweisungen Jesu im Hinblick auf eine klare, aufrichtige Sprache: „Eure Rede aber sei: Ja, ja; nein, nein. Was darüber ist, das ist vom Übel" (Matthäus 5,37). Wenn Sie eine Aufgabe übernehmen, führen Sie sie auch aus. Vermeiden Sie Schmeicheleien und Halbwahrheiten. Ihr Reden soll aufrichtig und eindeutig sein.

Vermeiden Sie Fachausdrücke und abstrakte Theorien, mit denen man zwar beeindrucken kann, aber im Übrigen eine Sache eher vernebelt als erhellt.

Es fällt uns schwer, klar und offen zu reden, weil wir oft nicht aus dem göttlichen Zentrum heraus leben und so wenig geübt sind, auf das zu horchen, was Gott uns in einer bestimmten Sache zu sagen hat. Nur zu häufig wird unser „Ja" oder „Nein" von dem bestimmt, was andere denken mögen, oder von hundert anderen Motiven statt vom Gehorsam gegenüber einem göttlichen Muss. Wenn eine günstigere Gelegenheit auftaucht oder eine bestimmte Situation dazu angetan ist, uns in ein besseres Licht zu stellen, fallen wir sehr schnell um in unseren Entscheidungen.

Wenn unser Reden aber aus der göttlichen Mitte heraus kommt, sehen wir keinen Grund, aus unserem „Ja“ plötzlich ein „Nein“ und aus dem „Nein“ ein „Ja“ werden zu lassen. Auch unsere Sprache wird eindeutig sein, weil unsere Worte nur eine einzige Quelle haben. Kierkegaard schrieb: „Bist du Gott unbedingt gehorsam, so ist in dir nichts Zweideutiges, und ist in dir nichts Zweideutiges, so bist du lautere Einfalt vor Gott. Eines aber ist, das keine Arglist des Teufels und kein Fallstrick der Versuchung je zu überrumpeln und einzufangen vermag: das ist Einfalt.“[6]

Neunter Grundsatz

Weisen Sie alles zurück, was eine Unterdrückung anderer in sich schließt. Kaum jemand hat diesen Grundsatz mehr verwirklicht, als der Quäker John Woolman im 18. Jahrhundert. Sein Tagebuch spiegelt überall seinen Wunsch wider, so zu leben, dass er niemals andere bedrückte.

„Ich durchforschte auf dieser einsamen Reise sorgfältig mein Inneres, ob ich selber von allem frei sei, was irgendwie dazu beiträgt, Kriege hervorzurufen oder zu fördern, sei es hier oder in Afrika; dann richtete ich meinen Geist auf das Umsichgreifen eines bösen Geistes unter den Weißen und bedauerte diesen Geist aufs Tiefste; es schien mir, dass unsere angenehme äußere Lage uns verpflichte, beständig auf die Stimme der göttlichen Liebe und Weisheit in uns zu hören, damit wir auf dem Wege blieben, der dem Willen des gnädigen und allmächtigen Vaters aller Menschen entspricht. Ferner machte mir der Gedanke an die üppige und begehrliche Lebensweise der Menschen, die zur Ursache von so viel Bedrückung und anderen Übeln geworden ist, sehr zu schaffen; in dem Geist, der unwandelbar ist, hatte ich das deutliche Empfinden, dass die Saat des Elends und der Bedrängnis auf unserem Festlande bereits ausgesät ist und dass sie rasch emporschießt."[7]

Damit ist das schwierigste Problem angeschnitten, dem sich die Christen seit dem 20. Jahrhundert gegenübergestellt sehen. Doch ausweichen können sie ihm nicht. Schlürfen wir unseren Kaffee und essen wir unsere Bananen auf Kosten ausgebeuteter lateinamerikanischer Bauern? Bedeutet unser Wunsch nach Reichtum in einer Welt beschränkter Rohstoffvorräte die Armut anderer? Sollten wir Produkte kaufen, die hergestellt werden, indem man Menschen in dumpfe Fließbandarbeit zwingt? Haben wir Freude am hierarchischen Aufbau in Konzernen oder Fabriken, die andere Menschen in unsere Gewalt geben? Setzen wir unsere Kinder oder unsere Ehepartner unter Druck, weil es Arbeiten gibt, für die wir uns zu schade sind?

Sehr oft hat die Unterdrückung etwas mit Rassismus oder Sexismus zu tun. Die Hautfarbe spielt immer noch eine Rolle, wenn es um einen Arbeitsplatz geht. Und die Entlohnung einer bestimmten Arbeit richtet sich auch immer noch nach dem Geschlecht des Arbeitnehmers. Möge Gott uns heute Propheten schenken, die uns, wie John Woolman, vom „Streben nach Reichtum“ zurückholen, so dass wir in der Lage sind, das „Joch der Unterdrückung zu zerbrechen“.[8]

Zehnter Grundsatz

Meiden Sie alles, was Sie von Ihrem Hauptziel abbringen könnte. George Fox warnte:

„Es gibt eine Gefahr und eine Versuchung für dich: dass dein Geist sich im Geschäft verliert, sich so damit belastet, dass du kaum noch etwas für Gott tun kannst. Immer wird es heißen: ‚Mein Geschäft, mein Geschäft!' Und du wirst darin untergehen und nicht mehr darüber stehen ... Und wenn der Herr, dein Gott, dir dann in den Weg tritt und dir Einhalt gebietet und dir deinen Besitz und deine Lebensweise nimmt, damit dein Geist nicht mehr gehemmt ist, dann wird dieser gefesselte Geist sich schrecklich aufregen, weil er sich außerhalb des Kraftfeldes Gottes befindet."[9]

Gott gebe uns den Mut, die Weisheit und die Kraft, ständig an die erste Stelle unserer Prioritätenliste zu setzen: „Trachtet zuerst nach dem Reich Gottes und seiner Gerechtigkeit", und er möge uns verstehen lassen, was dazugehört. Das heißt dann, christlich einfach zu leben.

Feiern

Das Hauptziel und die Pflicht des Menschen ist, Gott zu lieben und sich für immer seiner zu erfreuen.

Westminster Katechismus

Festfreude ist das Herzstück aller Wege Christi. Er betrat die Welt unter hellen Jubelklängen. „Ich bringe euch große Freude“, rief der Engel, „die allem Volk widerfahren soll“ (Lukas 2,10). Und er ging aus der Welt, indem er seinen Jüngern seine Freude hinterließ. „Solches rede ich zu euch, damit meine Freude in euch bleibe und eure Freude vollkommen werde“ (Johannes 15,11).

Nicht von ungefähr begann sein öffentliches Lehramt mit dem Ausrufen eines Gnadenjahres, eines Freudenjahres (Lukas 4,18-19). Die sozialen Folgerungen so eines Konzeptes sind tief greifend. In gleicher Weise ist es eine faszinierende Vorstellung, dass wir in ein unaufhörliches „Gnadenjahr“ des Geistes hineingerufen sind.

Einer solch radikalen, von Gott geschenkten Freiheit von Besitz und solcher Erneuerung sozialer Beziehungen kann man gar nicht anders begegnen als mit Festen und Feiern. Wenn die Armen die gute Nachricht erhalten, die Gefangenen befreit werden, die Blinden sehend, die Unterdrückten erleichtert werden, wer kann dann den Jubelruf der Freude zurückhalten?

Festfreude ist das Herzstück aller Wege Christi.

Im Alten Testament sind alle die sozialen Bestimmungen, die das Halljahr, das Jahr der Freude, betrafen – Erlass aller Schulden, Befreiung der Sklaven, keine Sämannsarbeit, Rückgabe des Vermögens an den ursprünglichen Besitzer – Anlass, die gnädige Fürsorge Gottes zu feiern. Ihm konnte man es zutrauen, dass er für alles Nötige sorgte. Er hatte gesagt: „Ich will meinen Segen über euch aufbieten …“ (3. Mose 25,21). Freiheit von Angst und Sorge bildet die Grundlage für rechtes Feiern. Weil wir wissen, dass er für uns sorgt, können wir alle unsere Sorgen auf ihn werfen. Gott hat unser Klagen in einen Reigen verwandelt.

Der sorglose Geist fröhlichen Feierns ist unserer Gesellschaft weithin abhanden gekommen. Gleichgültigkeit, ja sogar depressive Stimmung haben sich breit gemacht. Harvey Cox sagt, dass wir den modernen Menschen „so unerbittlich in die Richtung nützlicher Arbeit und rationalen Kalküls gezwungen“ haben, „dass er die Freude an ekstatischer Feier ... völlig vergessen hat“.[10]

Feiern schenkt Kraft zum Leben

Feiern bringt Freude ins Leben und Freude macht uns stark. Die Schrift sagt, dass die Freude am Herrn unsere Stärke ist (Nehemia 8,10). Ohne sie können wir nicht lange durchhalten. Vielleicht bringt uns ein Willensakt dazu, Klavierstunden zu nehmen, aber wir werden sie auf Dauer nicht beibehalten, wenn wir keine Freude daran haben. Der einzige echte Antrieb unseres Tuns ist das Wissen, dass eine Sache irgendwann Freude einbringt. Das gibt allen Anfängern den nötigen Rückhalt: Wenn sie etwas gelernt haben, wenn sie ein Instrument beherrschen, dann macht es Spaß, dann löst das Freude aus.

Feiern bringt Freude ins Leben und Freude macht uns stark.

Festfreude steht im Mittelpunkt aller geistlichen Übungen. Ohne einen Hauch fröhlichen Feierns sind solche Übungen stumpfsinnige, seelentötende Werkzeuge in den Händen moderner Pharisäer. Jede geistliche Disziplin sollte das Merkmal sorgloser Freude tragen und eine Spur von Dankbarkeit.

Freude ist eine der Früchte des Geistes (Galater 5,22). Ich denke oft, dass Freude der Motor ist, der alles andere in Gang hält. Wenn nicht diese freudige Grundstimmung alle geistlichen Übungen durchdringt, werden wir sie früher oder später wieder aufgeben. Freude schenkt Kraft, Freude macht uns stark.

Das alte Israel hatte den Befehl Gottes empfangen, dreimal im Jahr zusammenzukommen, um die Güte Gottes zu feiern. Das waren Feiertage im höchsten Sinn des Wortes. Das waren

Erlebnisse, die dem Volk Israel Kraft und Zusammenhalt gaben.

Der Weg zur Freude

Im geistlichen Leben gibt es nur eins, das wahrhafte Freude hervorruft – Gehorsam. Ein altes Kirchenlied gibt uns Kunde davon, dass es keinen anderen Weg gibt, in Jesus glücklich zu sein, als „vertrauen und gehorchen". Dieser Gedanke geht auf Jesus selbst zurück. Denn er sagt uns, dass es keinen Segen gibt, der dem Segen des Gehorsams gleicht. Einmal rief eine Frau aus der Menge ihm zu: „Selig ist der Leib, der dich getragen hat, und die Brüste, an denen du gesogen hast." Jesus antwortete: „Selig sind die, die das Wort Gottes hören und bewahren!" (Lukas 11,27-28). Es liegt also ein größerer Segen darauf, im Gehorsam gegenüber Gott zu leben, als auf dem Umstand, die Mutter des Messias zu sein!

Ohne Gehorsam ist Freude leer und hat einen unnatürlichen Beigeschmack. Um echtes Feiern zu ermöglichen, muss der Gehorsam sich in den ganz gewöhnlichen Abläufen und Beziehungen unseres täglichen Lebens auswirken. Wenn das nicht der Fall ist, hat unser Feiern einen hohlen Klang. Das gilt zum Beispiel, wenn Menschen so zusammenleben, dass in ihrem Heim kein Glück aufkommen kann, gleichzeitig aber zur Kirche laufen und singen und beten und hoffen, dass Gott ihnen irgendwann Freude gibt, um ihren Alltag zu bewältigen. Sie halten Ausschau nach einer Art himmlischer Spritze, die sie um das Elend ihres täglichen Lebens herumkommen lässt. Aber Gottes Wille ist es nicht, das Elend zu umgehen, sondern es zu verwandeln.

Um echtes Feiern zu ermöglichen, muss der Gehorsam sich in den ganz gewöhnlichen Abläufen und Beziehungen unseres täglichen Lebens auswirken.

Es kann sein, dass Gott uns zu Zeiten auch eine solche „Spritze“ verabreicht, sogar trotz unserer Bitterkeit und Hartherzigkeit. Aber das ist nicht die normale Situation. Meist bringt Gott Freude in unser Leben, indem er uns erlöst und den ganzen Alltag mit all seinem Drum und Dran heiligt. Wenn alle in der Familie mit Barmherzigkeit und Liebe erfüllt sind und von einem Geist des gegenseitigen Dienens, dann hat die Familie Grund zum Feiern.

Ein trauriges Kapitel, dass manche Leute von einer Kirche zur anderen laufen, um eine Spritze der „Freude im Herrn“ zu erwischen. Freude findet man nicht, wenn man eine bestimmte Art von Liedern singt oder mit der „richtigen“ Gruppe zusammen ist, auch nicht durch das Ausüben bestimmter charismatischer Gaben, so schön und gut das alles sein mag. Freude findet sich nur im Gehorsam. Wenn die Kraft Jesu in unsere Arbeit und unser Spiel hineinfließt und sie befreit und erlöst, dann ist Freude, wo vorher nur Traurigkeit war. Das zu übersehen heißt die Bedeutung der Menschwerdung Jesu nicht verstehen.

Freude ist das Endergebnis aller geistlichen Übungen in unserem Leben. Gott verwandelt unser Leben durch die geistlichen Übungen, und bevor dieses Werk nicht in Gang gekommen ist, erfahren wir keine echte Freude. Die meisten Leute wollen am liebsten einen schnellen Sprung in die Freude tun. Und wir versuchen oft, die

Menschen mit Freude aufzupumpen, wenn in Wirklichkeit in ihrem Leben gar nichts geschehen ist. Gott hat die Routine ihres täglichen Lebens noch gar nicht durchbrochen. Das Feiern beginnt, wenn unser Alltag unter die Herrschaft Gottes gekommen ist.

Das Feiern beginnt, wenn unser Alltag unter die Herrschaft Gottes gekommen ist.

Es ist wichtig, dass man alles Feiern vermeidet, bei dem man in Wirklichkeit nichts zu feiern hat. Noch schlimmer ist es, ein Feiern vorzutäuschen, wenn der Geist des Feierns gar nicht in uns ist. Kinder kann man innerlich nahezu zerstören, wenn man sie zwingt, dankbar zu sein, wo sie es in Wirklichkeit nicht sind. Wenn wir eine Atmosphäre des Feierns nur vortäuschen, gerät unser Geist innerlich in Widerspruch.

Eine weit verbreitete Lehre weist uns heute an, Gott für die verschiedenen Schwierigkeiten unseres Lebens zu danken und ihn zu loben, weil man davon ausgeht, dass im Loben und Danken eine starke, umwandelnde Kraft verborgen liegt. Im günstigen Fall macht uns diese Lehre Mut, unseren Weg mit den Augen des Glaubens zu sehen und mit dem zu rechnen, was Gott uns schenken will. Sie bestätigt dann unsere fröhliche Gewissheit, dass Gott uns alle Dinge zum Besten dienen lässt, wenn wir ihn lieben.

Wird diese Lehre aber nicht richtig verstanden, leugnet man leicht die Kraft und Bosheit des Bösen und bezeichnet die schrecklichsten Dinge als Willen Gottes. Die Bibel verlangt von uns, dass wir in jeder Situation in einem Geist der Dankbarkeit leben; sie befiehlt uns aber nicht, das offensichtlich Böse zu verherrlichen.

Der Geist des sorglosen Feierns

Der Apostel Paulus ruft uns zu: „Freuet euch in dem Herrn allewege, und abermals sage ich: Freuet euch!“ (Philipper 4,4). Aber wie sollen wir das machen? „Sorget nichts“, das ist die „negative“ Aussage zur Freude. Der positive Standpunkt lautet so: „In allen Dingen lasst eure Bitten im Gebet und Flehen mit Danksagung vor Gott kund werden!“ Und das Ergebnis? „Der Friede Gottes, welcher höher ist als alle Ver-

Der Geist des Feierns wird nicht in uns sein, bis wir gelernt haben, für nichts mehr zu sorgen.

nunft, bewahre eure Herzen und Sinne in Christus Jesus!" (Philipper 4,6-7).

Paulus sagt uns, wie wir allezeit froh sein können, und sein erster Rat in diesem Zusammenhang heißt, für nichts zu sorgen. Jesus gibt uns den gleichen Rat, wenn er sagt: „Sorgt nicht um euer Leben, was ihr essen und trinken werdet; auch nicht um euren Leib, was ihr anziehen werdet" (Matthäus 6,25). Christen sollen frei von Sorgen sein, aber das erscheint uns befremdlich. Seit unserer Kindheit sind wir darin geübt, „sorgsam" zu sein. Wir rufen unseren Kindern nach, wenn sie zum Schulbus gehen: „Pass auf! Sei vorsichtig! Sei sorgfältig! Sei sorgsam!"

Der Geist des Feierns wird nicht in uns sein, bis wir gelernt haben, für nichts mehr zu sorgen. Und diese sorglose Freiheit gegenüber Dingen und Situationen haben wir erst dann, wenn wir gelernt haben, Gott völlig zu vertrauen. Darum war das Halljahr im Alten Testament ein so entscheidender Antrieb zum Feiern. Keiner hätte gewagt, das Gnadenjahr zu feiern, wenn er nicht ein tiefes Vertrauen zu Gott besessen hätte, dass dieser in der Lage ist, alle Bedürfnisse zu stillen.

Wenn wir ihm vertrauen, haben wir die Freiheit, uns ganz auf ihn zu verlassen im Hinblick auf das, was wir nötig haben. „... Lasset eure Bitten im Gebet und Flehen mit Danksagung vor Gott kund werden." Durch unser Gebet bewegen wir den Arm Gottes. Deshalb können wir in einem Geist sorgloser Freude leben.

Doch damit ist Paulus noch nicht am Ende. Er ermahnt uns, dass wir nachdenken sollen über alle Dinge im Leben, die „wahrhaftig, ehrbar, gerecht, rein, lieblich und wohllautend" sind. Gott hat in seiner Schöpfungsordnung eine Menge großartiger und guter Dinge gegeben und es ist nur natürlich, dass wir glücklich sind, wenn wir uns damit beschäftigen. Das ist der von Gott bestimmte Weg zur Freude. Wenn wir meinen, dass wir Freude nur durch Beten und Psalmensingen bekommen, werden wir eine Enttäuschung erleben. Aber wenn wir unser Leben einfach mit guten Dingen füllen und Gott beständig dafür danken, wird uns das froh machen.

„Und was wird aus unseren Problemen?“, mag mancher fragen. Wenn wir an den guten Gaben Gottes festhalten, wird unser Leben so davon erfüllt sein, dass unsere Probleme darüber an Gewicht verlieren.

Die Entscheidung, sich mit den wertvollen und schönen Dingen des Lebens zu befassen, ist ein Willensakt. Das Feiern fällt uns nicht einfach zu. Es ist vielmehr das Ergebnis einer bewusst gewählten Art zu denken und zu leben. Wenn wir diesen Weg wählen, werden die heilenden und erlösenden Kräfte Christi in die innersten Winkel unseres Lebens und unserer Beziehungen eindringen, und dann ist die Freude das Ergebnis.

Die Wohltat des Feierns

Der wohltuendste Aspekt des Feierns besteht darin, dass es uns davor bewahrt, uns allzu wichtig zu nehmen. Das ist eine Gnade, die wir sehr nötig brauchen – alle, die ernst machen mit der Einübung ins geistliche Leben. Es ist ein spezifisches Risiko frommer Menschen, schrecklich langweilig zu werden. Das muss nicht sein. Wir sollten vielmehr freier, lebendiger und interessierter als andere sein. Feiern bringt eine Note von Freude, Festlichkeit, Fröhlichkeit in unser Leben. Außerdem, Jesus hatte so viel Freude am Leben, dass man ihn einen Weinsäufer und Schlemmer nannte. Viele Christen führen allerdings ein so sauertöpfisches Leben, dass keine Gefahr besteht, dass man sie solcher Dinge bezichtigt.

Damit möchte ich nicht einem ausschweifenden Leben das Wort reden, aber ich bin der Meinung, dass wir mehr Erfahrungen der Freude und Heiterkeit nötig haben. Es ist heilsam und erfrischend, eine weit gespannte Wertschätzung des Lebens zu kultivieren.

Feiern kann auch ein wirksames Gegenmittel sein gegen die Traurigkeit, die hin und wieder unser Herz bedrückt und zusammenschnürt. François Fénelon rät in seinem Kapitel „Hilfe in der Traurigkeit" denen, die unter den Lasten des Lebens seufzen, „durch gute Unterredungen sich zu ermutigen und sogar sich zu ergötzen".[11]

Das Feiern gibt uns die richtige Perspektive fürs Leben. Wir können plötzlich über uns selbst lachen. Wir sehen auf einmal, dass die Dinge, um die wir kämpfen, nicht annähernd so wichtig sind, wie wir dachten.

Der wohltuendste Aspekt des Feierns besteht darin, dass es uns davor bewahrt, uns allzu wichtig zu nehmen.

Feiern bringt die Hohen und Mächtigen wieder ins richtige Maß und gibt den Schwachen und Niedrigen neues Selbstvertrauen. Wer ist beim Fest Gottes hoch oder niedrig? Die Reichen und die Armen, die Mächtigen und die Ohnmächtigen feiern zusammen die Herrlichkeit und die Wunder Gottes. Nichts wirkt dem Klassendenken so sehr entgegen wie das Feiern eines Festes.

Auf diese Weise werden wir von einer übermäßigen Selbsteinschätzung frei und auch vom Geist des Richtens und Verdammens. Andere schauen auf einmal nicht mehr so schrecklich, so ungeistlich aus. Freude kann miteinander geteilt werden, ohne dass man andere scheinheiligen Werturteilen unterzieht.

Schließlich: Ein charakteristischer Zug allen Feierns ist, dass daraus immer neue Feste entstehen. Freude steckt an. Lachen weckt Lachen. Das gehört zu den wenigen Dingen im Leben, die sich vervielfältigen, wenn man sie weitergibt. Kierkegaard sagt, dass „der Humor immer einen heimlichen Zwillingsbruder hat".

Die Praxis des Feierns

Wie sieht nun das Feiern als gemeinsame geistliche Übung und als wohltuende Gabe Gottes aus? Die Frage ist wichtig, weil der moderne Mensch eine so von der Technik bestimmte Lebens- und Verhaltensweise angenommen hat, dass fast alle Erlebnisse spontaner Freude aus unserem Leben verschwunden sind. Unsere Erfahrungen mit dem Feiern haben etwas Künstliches an sich, etwas Unnatürliches.

Freude steckt an. Lachen weckt Lachen.

Um der Güte Gottes willen bricht das Herz in Psalmen, Loblieder und geistliche Lieder aus. Anbetung, Loben, Tanzen, Lachen fließt aus inneren Räumen unseres Lebens heraus. Der Psalmist sagt: „Die Erde ist des Herrn und was darinnen ist" (Psalm 24,1). In Psalm 150 sehen wir das Volk Gottes bei einem Fest mit Trompeten, Lauten und Harfen, Tamburin und Tanz, mit Saiteninstrumenten und Pfeifen und laut rasselnden Zimbeln.

Was tun die kleinen Kinder, wenn sie fröhlich sind? Sie machen Lärm, eine Menge Lärm. Lärm ist nichts Böses, wenn die Zeit danach ist, wie auch Stille gut ist, wenn es dem Augenblick angemessen ist. Kinder tanzen, wenn sie feiern. David sprang und tanzte vor dem Herrn aus aller Kraft (2. Samuel 6,14+16).

Als die Kinder Israel durch die Macht Gottes aus den Händen Pharaos befreit worden waren, führte die Prophetin Miriam das Volk zu einem Freudentanz an (2. Mose 15,20). Der Volkstanz war von jeher ein Vermittler kultureller Werte. Tanzen kann falsche Aspekte haben und sich in unguter Weise darstellen, aber das ist eine ganz andere Sache.

Tanzen und fröhlicher Lärm sind nicht unbedingt nötig zum Feiern. Sie sind nur Beispiele, dass die Erde tatsächlich des Herrn ist und alles, was darinnen ist, auch. Wie Petrus müssen wir lernen, dass nichts an sich unrein ist, was aus der gnädigen Hand Gottes kommt (Apostelgeschichte 10). Wir dürfen die Güte Gottes aus tiefstem Herzen feiern!

Um die Kunst des Feierns zu pflegen, kann man zum Beispiel die schöpferischen Gaben der Phantasie betonen. Die Fähigkeiten des Menschen, zu feiern und seine Phantasie spielen zu lassen, haben weitgehend abgenommen. „Es gab eine Zeit, da man die Seher kanonisierte und die Mystiker bewunderte. Jetzt werden sie studiert, belächelt, vielleicht sogar angeklagt. Alles in allem wird heute die Phantasie mit Misstrauen betrachtet.“[12]

Wir können es uns heute leisten, gegen den Strom zu schwimmen. Lassen Sie uns mit Hingabe den Phantasiespielen der Kinder zuschauen. Lassen Sie uns offen sein für Visionen und Träume. Lassen Sie uns spielen, singen und lachen. Die Vorstellungskraft kann eine Flut von schöpferischen Ideen auslösen, und uns in ihr zu üben, kann viel Freude machen. Nur unsichere, unreife Menschen fürchten sich vor solch fröhlichem Feiern.

Außerdem können wir familiäre Anlässe zu Festen und Dankgottesdiensten machen. Das gilt vor allem für Geburtstage und bestandene Examen, die ja in unserem Kulturkreis gewöhnlich gefeiert werden. Man kann aber auch bei weniger bedeutenden Anlässen feiern. Lassen Sie das Licht der Freude in Ihr Gemeindehaus und in Ihr Heim fallen. Singen Sie, feiern Sie den Sieg Christi über die Finsternis. Lassen Sie die Kinder (oder auch die Erwachsenen) sich als biblische Gestalten verkleiden und als solche auftreten (oder auch als große Gottesmänner und -frauen). Feiern Sie regelmäßige Feste, ohne jeden historischen oder sonstigen äußeren Anlass, die nur für Ihre Familie Bedeutung haben. Verbringen Sie mehr Zeit mit Ihrer Familie am Klavier, in Spiel und Gesang! Lernen Sie Volkstänze aus verschiedenen Kulturkreisen und freuen Sie sich gemeinsam daran.

Auch unsere Feste im Jahreslauf können wir aufgreifen und wirklich feiern. Im Hinblick auf Weihnachten ist da wohl nicht mehr viel zu tun, aber wie sieht es mit Ostern aus? Vergessen Sie die Frühjahrsmodenschau und feiern Sie die Kraft der Auferstehung Jesu. Machen Sie Osterspiele mit der Familie. Pflücken Sie ein paar Blumen und bringen Sie sie Ihren Nachbarn und Freunden.

Im Mittelalter gab es einen Feiertag, das „Fest der Narren". Das war ein Tag, an dem alle „Heiligen Kühe" ausgelacht und verspottet werden durften, ohne dass es dem Lacher schadete. Niedere Geistliche ahmten ihre Vorgesetzten nach und machten sie lächerlich. Politische Führer durften öffentlich angegriffen werden. Die Ausschweifungen, die solche Feste oft begleiteten, können wir entbehren, aber wir haben es auch nötig, über uns selbst einmal zu lachen. Statt uns an den gesellschaftlichen Bräuchen unserer Zeit wund zu reiben und gegen sie anzukämpfen, sollten wir ab und zu auch darüber lachen.

Wir brauchen uns aber auch gar nicht auf traditionelle Feste zu beschränken, sondern können eigene Anlässe und Formen entwickeln. Kürzlich beging unsere Gemeinde einen Festabend, mit dem sie die Wertschätzung ihrer Pastoren zum

Ausdruck bringen wollte. Jede Familie unterschrieb eine selbst gemachte Karte. Verschiedene Gruppen bereiteten Sketche, Spiele, Lesestücke und Scherze vor. Es war ein wirklich fröhlicher Abend.

Das Feiern gibt uns die Kraft, die anderen geistlichen Übungen durchzuhalten. Diese bringen uns, wenn sie treu praktiziert werden, die Befreiung von Dingen, die unser Leben über Jahre hinweg unglücklich und elend gemacht haben. Rückwirkend steigert das die Freude am Feiern. Auf diese Weise entsteht ein ununterbrochener Kreislauf von Leben und Kraft.

1 Franz Fenelon, Christliche Gedanken und Belehrungen. In: Sämtliche geistliche Schriften, hg. von J. P. Silbert, Band 3, Regensburg 1838, S. 216
2 Richard E. Byrd, Allein! Leipzig 1939, S. 48
3 Sören Kierkegaard, Die Lilie auf dem Felde ..., in: Gesammelte Werke, hrsg. von Emanuel Hirsch, 21.-23. Abt., Düsseldorf 1960, S. 36
4 John Wesley, Das Tagebuch, Frankfurt a.M. o.J., Nov. 1767
5 Ronald J. Sider, Der Weg durchs Nadelöhr. Reiche Christen und Welthunger, Wuppertal 3. Aufl. 1981, S. 34.144 u.a.
6 Kierkegaard S. 60f
7 John Woolman, Aufzeichnungen. Aus der Zeit der Sklavenbefreiung. Übertragen und eingeleitet von Alfons Paquet, Berlin 1923, S. 122
8 ebd. S. 168
9 George Fox, Works, Vol. VIII, Philadelphia 1831, S. 126
10 Harvey Cox, Das Fest der Narren, Stuttgart 1969, S. 21
11 Fenelon, Gedanken, S. 104
12 Cox S. 18
13 Vgl. Cox S. 10